Agenda 2021-2030 Esposta!

COVID-19 Chips dei Vaccini e Passaporti, il Grande Reset e La Nuova Normalità; Notizie non Dichiarate e Reali

Rebel Press Media

Disclaimer

Questo documento mira a fornire informazioni esatte e affidabili riguardo all'argomento e alla questione trattata. La pubblicazione è venduta con l'idea che l'editore non è tenuto a rendere servizi contabili, ufficialmente autorizzati o altrimenti qualificati. Se è necessaria una consulenza, legale o professionale, si deve ordinare a un individuo esperto nella professione - da una dichiarazione di principi che è stata accettata e approvata allo stesso modo da un comitato dell'American Bar Association e da un comitato degli editori e delle associazioni.

La presentazione delle informazioni è senza contratto o qualsiasi tipo di assicurazione di garanzia. I marchi utilizzati sono senza alcun consenso, e la pubblicazione del marchio è senza permesso o appoggio da parte del proprietario del marchio. Tutti i marchi e le marche all'interno di questo libro sono solo a scopo chiarificatore e sono di proprietà dei proprietari stessi, non affiliati a questo documento. Non incoraggiamo alcun abuso di sostanze e non possiamo essere ritenuti responsabili per l'eventuale partecipazione ad attività illegali.

I nostri altri libri

Dai un'occhiata ai nostri altri libri per altre notizie non riportate, fatti esposti e verità sfatate, e altro ancora.

Unisciti all'esclusivo Rebel Press Media Circle!

Riceverai nella tua casella di posta elettronica ogni venerdì un nuovo aggiornamento sulla realtà non raccontata.

Iscriviti qui oggi:

https://campsite.bio/rebelpressmedia

Introduzione

L'arcivescovo dice che 'Stato profondo' e 'Chiesa profonda' lavorano mano nella mano per stabilire un impero mondiale anti-cristiano - La stretta cooperazione del Vaticano con la Cina 'un vergognoso tradimento della missione della Chiesa'.

L'agenda "Grande Reset - Ricostruisci meglio", così come viene ora srotolata in tutto l'Occidente, non è altro che "l'instaurazione del regno di Anticristo", secondo l'arcivescovo Carlo Maria Viganò. Negli ultimi mesi, Viganò, uno dei più feroci oppositori di Papa Francesco, ha ripetutamente parlato in termini forti di ciò che viene fatto con il pretesto di combattere un virus. Per esempio, ha chiamato la colossale frode elettorale negli Stati Uniti un "attacco delle tenebre all'umanità", e nell'autunno del 2020 ha scritto una lettera a Donald Trump avvertendo il presidente che il Grande Reset è una "cospirazione globale contro l'umanità e contro Dio".

Tabella dei contenuti

Capitolo 1: Il nuovo leader

Il cattolico romano Papa Francesco è il "leader spirituale della nuova religione universale globalista".

L'arcivescovo ha parlato, tra le altre cose, del ruolo centrale che crede che la Cina giochi nello "Stato profondo" globale. La Cina vuole espandere il suo potere economico in tutto il mondo, e in patria nel frattempo "ripristinare la tirannia maoista". Questo richiede l'abolizione delle religioni (specialmente quelle cattoliche). Queste saranno sostituite dalla religione dello Stato, che ha molto in comune con la religione universale globalista, di cui Bergoglio (Papa Francesco) è il capo spirituale".

Viganò chiama costantemente Papa Francesco con il suo vero nome, poiché non lo riconosce come il vero papa. Benedetto sarebbe stato deposto dalla "Chiesa profonda" e sostituito dal gesuita Bergoglio, ricevendo un aiuto diretto dall'amministrazione Obama. Questa cospirazione è stata dimostrata da WikiLeaks, che ha pubblicato le email violate di Hillary Clinton e John Podesta*, ex capo dello staff di suo marito Bill e poi brevemente consigliere di Obama.

(John Podesta era una delle figure centrali nel famigerato 'pedo-pizza gate', che è stato liquidato dai media come una teoria del complotto, ma che era abbondantemente chiaro dalle email violate).*

La stretta collaborazione tra il Vaticano e la Cina "è un grave tradimento della Chiesa".

La complicità della Chiesa profonda di Bergoglio in questo progetto diabolico ha privato i cattolici cinesi della difesa imperitura che il papato è sempre stato per loro. Fino a Benedetto XVI, il papato ha rifiutato di stipulare qualsiasi accordo con la dittatura di Pechino... I sospetti che la Cina sia coinvolta nelle dimissioni di Benedetto sono molto forti, e sono coerenti con il quadro che abbiamo visto svilupparsi negli ultimi mesi".

Come risultato, ora ci troviamo di fronte a un vergognoso tradimento della missione della Chiesa di Cristo, portato avanti dai suoi più alti leader, in aperto conflitto con i membri della gerarchia clandestina cattolica cinese che sono rimasti fedeli a nostro Signore e alla Sua Chiesa". Egli spera, quindi, che ci siano ancora governi rimasti nel mondo che non siano stati corrotti e minati dallo Stato profondo, e che si preoccupino della sorte dei fedeli in Cina e agiscano. *(Almeno in Occidente, quei governi non ci sono più)*

La stretta collaborazione tra il Vaticano e la Cina è "un grave tradimento della Chiesa da parte dei suoi dirigenti". Potremmo anche supporre che in alcuni casi questo tradimento sia commesso non solo da individui, ma anche dalle stesse istituzioni, come nel caso dell'Unione Europea, che sta attualmente finalizzando un accordo commerciale con la Cina, nonostante la sistematica violazione dei diritti umani e la violenta repressione dei dissidenti in quel paese". *(E forse anche perché l'UE è stata impegnata per molti anni a farsi una copia della Cina in termini tecnocratico-autoritari).*

Joe Biden è un "disastro inimmaginabile" per il mondo, "l'uomo serve un'agenda anti-cristiana

Joe Biden alla Casa Bianca significa, secondo l'arcivescovo, "un disastro irreparabile" per il mondo. Allo stesso tempo, "è indiscutibilmente solo un burattino nelle mani dell'élite, che sono pronti a rimuoverlo non appena decidono di sostituirlo con Kamala Harris". Il vicepresidente di estrema sinistra di Biden, va notato, viene regolarmente chiamato "presidente" da Biden stesso. Il demente Biden, che può a malapena pronunciare due frasi complete di fila senza perdere il filo, sarà quindi consapevole lui stesso che sarà presumibilmente sostituito da Harris durante il suo primo mandato, che trasformerà permanentemente gli Stati Uniti in una dittatura comunista clima-vaccino, proprio come sta succedendo ora nell'UE.

La sottomissione di Bergoglio all'agenda globalista è chiara, così come il suo sostegno attivo a Joe Biden". Questo è il motivo per cui l'attuale papa era così ostile a Trump, "che ai suoi occhi era un ostacolo che doveva essere rimosso in modo che il Grande Reset potesse essere messo in moto... Joe Biden serve l'ideologia globalista e la sua perversa, anti-umana, anti-cristiana, diabolica agenda".

Capitolo 2: Esporre la verità

La corruzione e i crimini dei leader della Chiesa devono essere rivelati

Per fermare la Chiesa profonda e restaurare la Chiesa cattolica, "deve essere rivelata la portata del coinvolgimento dei leader della Chiesa con il progetto massonico globalista, e la natura della corruzione e dei crimini commessi da questi uomini". Sotto Francesco, dice, la Chiesa è stata "presa da mercenari".

I cattolici, tuttavia, hanno ancora, a suo avviso, "tempo per fermare questo rovesciamento globale, e l'istituzione del Nuovo Ordine. Che pensino a che tipo di futuro vogliono per le prossime generazioni, e alla distruzione della società. Che pensino alla loro responsabilità verso Dio, i loro figli e la loro nazione.

Tuttavia, ha detto questo in un momento in cui alcuni speravano ancora che il colpo di stato elettorale illegale negli Stati Uniti potesse ancora essere invertito, e Biden tenuto fuori dalla Casa Bianca. Se ciò non riuscisse, tuttavia, "gli Stati Uniti saranno cancellati dalla storia".

I media mainstream sono un alleato indispensabile dello Stato profondo

Il piano del Grande Reset usa i media mainstream come un alleato indispensabile; le compagnie dei media (occidentali) sono quasi tutte parte attiva dello Stato

Profondo, e sanno che il potere garantito loro in futuro dipende esclusivamente dalla loro sottomissione servile a questa agenda".

Che gli oppositori del Grande Reset siano invariabilmente chiamati "teorici della cospirazione" è, dice, "la conferma dell'esistenza di quella cospirazione, e del fatto che i suoi attuatori sono molto costernati che questo sia stato scoperto e detto al pubblico. Eppure loro stessi dicono che nulla rimarrà lo stesso ("la nuova normalità"), e "Costruire di nuovo meglio", per farci credere che i cambiamenti radicali che vogliono imporre sono necessari a causa della pandemia, del cambiamento climatico e dei progressi tecnologici.

Anni fa, il termine "Nuovo Ordine (Mondiale)" è stato etichettato come "pensiero cospirativo", ma ora tutti i leader mondiali, incluso il Papa, ne parlano apertamente, proponendo esattamente un tale sistema totalitario globale che i cosiddetti "pensatori cospirativi" hanno messo in guardia per così tanto tempo. Figure come Klaus Schwab (WEF) e Bill Gates non si vergognano nemmeno di dire che una pandemia era necessaria per far passare questo "Grande Reset", questo capovolgimento totale della nostra società, con la piena cooperazione dei governi nazionali.

Le basi per una futura società senza genitori, senza religione, e l'imposizione di un culto diabolico".

Se riusciranno ad ottenere il controllo totale dei nostri paesi, allora avremo una società con "famiglie senza padre e madre, poliamore, sodomia, bambini che possono cambiare il loro sesso, l'abolizione della religione e l'imposizione di un culto diabolico, aborto ed eutanasia, l'abolizione della proprietà privata, una dittatura della 'salute' (vaccini), e una pandemia eterna. È questo il mondo che vogliamo, che voi volete per voi stessi, i vostri figli, la vostra famiglia e i vostri amici?

Dobbiamo tutti prendere coscienza di quanto i fautori di questo Nuovo Ordine Mondiale e del Grande Reset odino i valori inalienabili della nostra civiltà greco-cristiana, come la religione, la famiglia, il rispetto della vita e dei diritti inviolabili dell'individuo umano, e la sovranità nazionale".

Capitolo 3: La chiesa profonda

Un gruppo di cospiratori era ed è ancora attivo nel cuore della Chiesa per gli interessi dell'élite. La maggior parte di loro sono visibili, ma i più pericolosi sono quelli che non si mostrano, che non sono mai menzionati nei giornali. Non esiteranno a costringere Bergoglio a dimettersi se non segue i loro ordini, proprio come hanno fatto con Ratzinger. Vogliono trasformare il Vaticano in una casa di riposo per papi emeriti, distruggere il papato e prendere il potere - esattamente la stessa cosa che sta succedendo nello Stato profondo, dove Biden è l'equivalente di Bergoglio".

Per rovesciare lo Stato profondo e la Chiesa profonda, sono necessarie tre cose:

Dobbiamo prendere coscienza del piano globalista e della misura in cui è strumentale all'instaurazione del regno dell'Anticristo, poiché condivide gli stessi principi, mezzi e obiettivi;

In secondo luogo, dobbiamo respingere fermamente questo piano diabolico, e chiedere ai pastori della Chiesa - così come ai comuni credenti - di difenderlo e di rompere il loro silenzio complice: Dio esigerà altrimenti da loro la responsabilità della loro apostasia;

Infine, è necessario pregare e chiedere al Signore di dare a ciascuno di noi la forza di resistere alla tirannia ideologica che ci viene quotidianamente imposta, non solo dai media, ma anche dai cardinali e dai vescovi che sono sotto il controllo di Bergoglio".

Se dimostriamo di essere saldi in questa tentazione, se... non ci lasciamo sedurre da "falsi Cristi e falsi profeti", allora il Signore ci darà - almeno per il momento - la sconfitta dell'attacco dei figli delle tenebre a Dio e agli uomini. Ma se, per paura, seguiamo il principe di questo mondo... saremo condannati insieme a lui all'inesorabile sconfitta e alla dannazione eterna".

'Rabbrividisco per coloro che non si rendono conto di questa responsabilità verso Dio per le anime loro affidate. Ma a coloro che combattono coraggiosamente per difendere i diritti di Dio, della nazione e della famiglia (dei credenti), il Signore assicura la sua protezione'.

Crede a volte che i seguaci di Satana siano onesti e sinceri?

Non avete fallito in questa battaglia, poiché è vostro sacro dovere dare il vostro contributo schierandovi dalla parte del Bene. Altri, dipendenti dalla corruzione, o accecati da un odio infernale verso nostro Signore, hanno scelto la parte del Male".

'Non pensate che i figli delle tenebre operino in modo onesto, né vi scandalizzate che facciano uso dell'inganno. O credete talvolta che i seguaci di Satana siano onesti, sinceri e leali? Il Signore ci ha messo in guardia sul diavolo, che "è un assassino di uomini fin dal principio, e non sta nella verità, perché non c'è verità in lui. Quando dice la menzogna, parla secondo la sua natura, perché egli è un bugiardo e il padre della menzogna". (Giovanni 8:44)

Raccogliete le vostre armi spirituali ora che l'inferno sembra vincere

Ora che le porte dell'inferno sembrano vincere, permettetemi di lanciare un appello a voi. Confido in una vostra risposta immediata e generosa. Vi chiedo di riporre la vostra fiducia in Dio, un atto di umiltà e di devozione fraterna al Signore degli Hosts.... Pregate con un'anima onesta, con un cuore puro, con la certezza che sarete ascoltati e sentiti. Pregate affinché le forze del Male siano sconfitte e le potenze del Bene prevalgano.

Vigano invita tutti i credenti di tutte le età a pregare e a prendere le loro "armi spirituali, che Satana e i suoi tirapiedi dovranno ritirare furiosamente... Non lasciatevi scoraggiare dagli inganni del Nemico, specialmente in questo tempo terribile in cui palesi menzogne e frodi stanno deridendo il Cielo. Se pregate con fede, i giorni dei nostri avversari saranno contati".

Una "rinascita spirituale" ha una possibilità?

In conclusione, l'Arcivescovo spera che le persone in tutto il mondo parlino con una sola voce nelle loro chiese, case e strade, e si uniscano spiritualmente per combattere e vincere questa battaglia spirituale in modo che ci sia "una rinascita spirituale" non solo negli Stati Uniti, ma in tutto il mondo.

Tuttavia, questo richiederà qualcosa che non è mai stato raggiunto fino ad ora, vale a dire che le persone guardino al di là delle proprie cornici religiose o ideologiche, che rispettino i diversi e divergenti punti di vista e opinioni degli altri, e che si concentrino insieme sull'obiettivo comune di non permettere che questo mondo cada definitivamente nelle mani delle forze globaliste del Male, che hanno iniziato la loro definitiva presa di potere da quest'anno, e che ora stanno imponendo la loro dittatura climatico-virus all'umanità ad un ritmo incessante.

Finora, possiamo vedere che la vecchia tattica del "divide et impera" sta purtroppo funzionando perfettamente anche tra la parte sveglia e vigile della popolazione. Nel momento in cui cominciamo a imporci l'un l'altro che dobbiamo necessariamente guardare una cosa o spiegarla in questo o quel modo, che dobbiamo usare questi o quei termini, e che altrimenti abbiamo "torto", non abbiamo nessuna possibilità. E poi si può sperare e pregare fino a quando si è blu in faccia, ma questo non avrà assolutamente alcun effetto, poiché ogni vero cambiamento inizia con se stessi.

Capitolo 4: Ricostruire la società

Milioni di cristiani e conservatori che hanno votato per Trump hanno bisogno di essere forzatamente "rieducati" - l'America non è più un paese cristiano da molto tempo, e le chiese devono ringraziare se stesse per questo.

Un gruppo influente di delegati democratici sta sostenendo un documento del Secular Democrats of America che chiede di mettere a tacere la "destra bianca e cristiana", cancellare i "principi biblici" del paese e rinunciare alla "base giudeo-cristiana" della società. In un discorso, il presidente Obama ha dichiarato che "l'America non è più una nazione cristiana". Biden sembra occuparsene definitivamente. Ciò che prenderà il suo posto è una dittatura marxista, subordinata all'ONU, del clima-vaccino - proprio come in Europa.

Che Biden stesso abbia molto in comune con l'agenda anticristiana di estrema sinistra è fuori discussione. Il 15 settembre 2018, ha letteralmente chiamato una parte della destra cristiana che aveva votato per Trump due anni prima "la feccia della società".

Tra l'appello sostenuto da almeno 13 delegati democratici c'è Rashida Tlaib, che si è coperta di una bandiera palestinese nelle ultime elezioni, giurando che "deporremo questo M.. F.. (Trump) sta per deporre". Un altro promotore, Steve Cohen, ha legami con il Memphis Socialist Party USA, e con membri di Liberation Road, un'organizzazione comunista pro-cinese. Il co-fondatore Jamie Raskin ha scritto articoli per il Democratic Socialists of America.

I cristiani tradizionali avrebbero un'influenza "settaria e pericolosa

Secondo Brannon Howse, un conduttore radiofonico conservatore, i democratici hanno un problema non con le chiese in generale, ma con quelle di 'destra', che si attengono ai tradizionali principi biblici. Finché predichi la religione socialista progressista di sinistra, pensano che vada bene, ma se predichi qualcosa basato sui valori giudeo-cristiani, vogliono abbatterti".

Gli estensori chiedono persino che Biden rompa apertamente con il termine "giudeo-cristiano" e agisca contro la "settaria e pericolosa influenza" dei cristiani nel governo. L'opposizione dell'America conservatrice all'aborto, alla ricerca sulle cellule staminali e all'agenda carbonio/clima è chiamata parte di una "guerra culturale" contro la "scienza". Trump e la comunità cristiana sono anche incolpati delle presunte "centinaia di migliaia di morti" causate dal Covid-19.

I cristiani ostacolano l'America comunista

L'autore e regista Trevor Loudon, che è stato coinvolto con la sinistra per decenni, ha sottolineato che i cristiani sono demonizzati nel documento come "nazionalisti" con un'agenda "estremista, settaria" e "suprematista bianca". Questo può essere preso come una raccomandazione per mandare i cristiani conservatori in campi di rieducazione", ha detto Loudon. 'Parlano di rieducare e riprogrammare i cristiani tradizionali, che dal loro punto di vista sono persone pericolose, razziste e nazionaliste'.

Quello che stanno veramente dicendo è che vogliono farvi il lavaggio del cervello con le loro idee. I comunisti sarebbero orgogliosi di questo documento... Il partito democratico è ora un partito marxista. Questo documento è diretto contro il più grande nemico dei marxisti in questo paese, e questo è il cristianesimo tradizionale. Questo è molto chiaro".

'Le sinistre e i comunisti controllano già Hollywood (l'industria del cinema e dello spettacolo), l'istruzione, i media e la maggior parte delle istituzioni. L'unica cosa che non controllano sono i cristiani conservatori credenti nella Bibbia, che hanno votato per Reagan all'epoca e ora per Trump".

I cristiani hanno impedito al candidato dei sogni dell'élite, Hillary Clinton, di diventare presidente. Avrebbe dovuto completare la comunitarizzazione dell'America... Così, la sinistra capisce che deve sopprimere il cristianesimo, o pervertirlo nella propria direzione".

Negli scritti, questi "Democratici laici d'America" chiedono a Biden di:

Tagliare tutti i finanziamenti ai centri di crisi per la gravidanza e ai programmi educativi che promuovono l'astinenza sessuale;

* Porre fine alla libertà di espressione religiosa, abrogare il Religious Freedom Restoration Act (RFRA), e rescindere le protezioni federali della libertà religiosa messe in atto da Trump;

* Rendere le vaccinazioni obbligatorie per i bambini, e togliere ai genitori la parola in materia;

Rimuovere il termine "In God We Trust" dai dollari fisici statunitensi;

* Mettere fine al sostegno di Trump alle agenzie di adozione e affidamento che operano su principi religiosi;

* Fornire alti sussidi per una "educazione sessuale completa" ai bambini delle scuole, compresa la promozione di molte decine di tipi di "generi";

Opporsi al "Progetto Blitz", che promuove i valori tradizionali della famiglia e minerebbe l'agenda LGBTQ;

* Smettere di usare il termine "valori giudeo-cristiani" perché decine di milioni di americani non si sentirebbero più rappresentati da esso.

Sotto il regime di Biden-Harris, come in Cina, le chiese saranno probabilmente autorizzate a continuare ad esistere solo se predicano la "linea del partito" in modo integrale e acritico, o in altre parole, tengono i loro seguaci all'obbedienza assoluta al governo e alle politiche del governo. Questo significa che non ci sarà più posto per le chiese e i credenti che continuano ad aderire ai classici valori cristiani riguardanti Dio, l'amore per il paese, la famiglia e l'inviolabilità dell'individuo.

L'America non è più un paese cristiano da molto tempo

Infine, vorremmo notare che gli Stati Uniti non sono più un paese cristiano (più) da molto tempo. Numerosi presidenti che si sono identificati come "cristiani" hanno condotto guerre sanguinose, il penultimo dei quali, Barack Obama, ha addirittura causato 10 volte più vittime civili del suo vituperato predecessore George Bush. L'odio che gli estremisti musulmani nutrono verso i cristiani e il cristianesimo è in gran parte causato da questo, e quindi abbastanza comprensibile.

Un presidente che si siede in chiesa la domenica, e il lunedì dà l'ordine di bombardare il tuo paese e farlo precipitare nel caos, e che non considera qualche vittima civile in più o in meno, non è certo una pubblicità per la fede cristiana. Lo stesso si può dire dell'enorme ricchezza e avidità che caratterizza i politici, i banchieri e gli uomini d'affari americani.

Inoltre, gran parte dell'America cristiana "normale" si è anche concentrata sulla ricerca di denaro, ricchezza, successo, prosperità e salute (il falso "vangelo della felicità", come lo chiamava Corry ten Boom). Questo vangelo egocentrico ed essenzialmente violentato, predicato da molte "mega chiese", si è diffuso in tutto il mondo dopo la seconda guerra mondiale, e ha avvelenato non solo praticamente tutte le chiese occidentali (in misura maggiore o minore), ma anche quelle del Sud America, dell'Africa e di gran parte dell'Asia.

Così, il cristianesimo americano prevalentemente ipocrita si è completamente eroso, per così dire, e dovrà raccoglierne i frutti amari sotto il regime Biden-Harris. Questa non è una prospettiva piacevole, ma separerà il grano dalla pula tra i cristiani, soprattutto se si scopre che la teologia escapista della prosperità, che è stata sostenuta per anni che i credenti non devono passare attraverso (la) tribolazione qui, era una palese bugia.

L'uomo transumano sarà integrato con un sistema di controllo digitale globale, 'Biosensore nanotecnologico impiantabile 5G già nel 2021 nei vaccini Covid-19'

Il braccio di sviluppo tecnologico del Pentagono, DARPA, e la Fondazione Bill & Melinda Gates stanno collaborando con la società tecnologica Profusa nello sviluppo di un biosensore nanotech impiantabile fatto di idrogel (sostanza simile a una lente a contatto morbida). Questo biosensore, che è più piccolo di un chicco di riso, può essere iniettato insieme a un vaccino e viene applicato appena sotto la pelle, dove si fonde effettivamente con il corpo. La componente nanotecnologica permette il monitoraggio a distanza di tutte le informazioni su se stessi, il proprio corpo e la propria salute via 5G. Il biosensore, che può anche ricevere informazioni e comandi, dovrebbe essere approvato dalla FDA all'inizio del 2021 - giusto in tempo per la prevista campagna di vaccinazione globale Covid-19.

DefenseOne ha scritto di questo biosensore hydrogel a marzo, che è "inserito sotto la pelle con un ago ipodermico. Tra le altre cose, contiene una molecola appositamente progettata che invia un segnale fluorescente una volta che il corpo inizia a combattere un'infezione. La parte elettronica attaccata alla (/nella) pelle rileva questo segnale, e poi invia un avviso a un medico, un sito web o un'agenzia governativa. È come un laboratorio di sangue sulla pelle che può raccogliere, anche prima che ci siano altri sintomi come la tosse, la risposta del corpo alla malattia".

Non è quindi difficile intuire perché questo sensore possa essere considerato di grande importanza dall'élite nella (cosiddetta) lotta contro il Covid-19. Chiunque abbia questo biosensore - inamovibile - iniettato nel proprio corpo sarà messo in quarantena dal governo alla minima infezione, e potrà essere soggetto ad altre misure coercitive, anche se la persona in questione non è affatto malata, né mostra alcun sintomo.

Il biosensore controlla tutte le funzioni del corpo e le trasmette via 5G

Usando l'idrogel, il biosensore non sarà visto dal corpo come un intruso e attaccato, ma piuttosto si integrerà con esso. Inoltre, secondo l'azienda, il sensore non solo può rilevare le infezioni, ma anche monitorare i livelli di ossigeno e glucosio nel sangue, così come i livelli ormonali, la frequenza cardiaca, la respirazione, la temperatura corporea, la vita sessuale, le emozioni - in breve, TUTTO. Attraverso il 5G, tutte queste informazioni potranno presto essere trasmesse ad ogni autorità medica e politica.

Profusa sta attualmente conducendo uno studio con l'Imperial College, anch'esso finanziato da Bill Gates, che è diventato tristemente famoso per le sue ridicole previsioni di sventura riguardo al Covid-19, che si sono presto rivelate del tutto fasulle. Tuttavia, è sulla base di queste che sono state fatte le chiusure, l'allontanamento sociale e la relativa parziale distruzione dell'economia e l'eliminazione di molte libertà civili.

Umani transumani da integrare con un sistema di controllo digitale globale

Il biosensore, che potrebbe quindi essere incorporato nei vaccini Covid-19 già nel 2021, si avvicina molto alla realizzazione dell'aspirazione di un umano transumano, in cui tutti sono totalmente controllabili e persino governabili. Il "nuovo umano", o l'umano 2.0 come immaginato dall'élite tecnologica intorno a Bill Gates e Elon Musk, sarà gradualmente trasformato in una sorta di cyborg da qui al 2025-2030, e diventerà parte integrante - e quindi irreversibile - di un sistema di controllo digitale globale, in cui le libertà personali saranno completamente scomparse, e anche il libero arbitrio umano, sarà stato tolto.

Non per niente lo chiamiamo il sistema della "Bestia". Per la prima volta nella storia, la tecnologia è progredita al punto in cui le profezie bibliche sul "segno della Bestia" possono essere pienamente eseguite e realizzate.

Capitolo 6: Terrore psicologico e guerra contro l'umanità

Prima del 2020, i nostri governanti, l'1%, richiedevano solo il vostro lavoro fisico; ora vogliono invadere e prendere il pieno controllo del vostro corpo' - 'C'è ancora speranza per noi se smettete di partecipare e costruite nuove comunità'.

La democrazia è stata abolita, lo stato di diritto non funziona più. Si parla di una vera e propria 'guerra contro il popolo', portata avanti dai nostri stessi governi, che a loro volta sono controllati dalle grandi aziende tecnologiche. Questo è l'inizio del "tecno-fascismo" e di una "dittatura transumanista", che viene imposta al popolo con l'aiuto di misure di terrore psicologico (serrate, paradenti, coprifuochi, vaccinazioni).

Propaganda quotidiana per mantenere il popolo obbediente

Sottolineando che le misure originariamente dovevano durare solo pochi mesi, ma ora, più di un anno dopo, vengono ancora applicate e vengono ulteriormente ampliate nonostante le crescenti proteste di scienziati, medici, economisti e altri esperti. I governi, tuttavia, non ascoltano affatto queste voci dissenzienti, e andare in tribunale non ha più senso da nessuna parte, poiché i giudici sono lì solo per dare alle politiche governative un timbro legale.

In Germania, la resistenza alle misure sembra essere migliore e più organizzata. Questa resistenza non è inutile e ha chiaramente un effetto. Lo si vede "dall'enorme propaganda che devono fare ogni giorno. Senza questa propaganda non sarebbero mai stati in grado di farla franca con questa follia". Se questa resistenza significherà alla fine la fine dei governi, tuttavia, resta da vedere.

I diritti dei cittadini messi da parte con "insolenza sfrenata

Il centro del problema è che la separazione dei poteri è scomparsa, e con essa la base della democrazia. Questa non funziona più da molto tempo. Questo processo è iniziato soprattutto dopo la controrivoluzione neoliberale circa 30 anni fa. Questo ha creato un cartello di potere di partiti che in realtà perseguono solo gli stessi obiettivi.

Ciò che è speciale in questi tempi è la "disinibita insolenza con cui i nostri governi stanno mettendo da parte la legge". Il costante stato di eccezione in Occidente è "la prova classica che lo stato di diritto è stato distrutto". Il giurista e propagandista nazista Karl Schmidt aveva già definito questo stato di eccezione nel suo libro Politische Theologie. Chi controlla lo stato di eccezione controlla anche il popolo. Egli fece notare che questa situazione poteva anche essere messa in scena.

Stato permanente di eccezione; 'non hai più niente da dire'.

Schmidt ha fatto una distinzione da uno stato di emergenza, come un'inondazione. Uno stato di emergenza è sempre temporaneo, ma uno stato di eccezione può durare molto più a lungo. Infatti, i nostri governi stanno rendendo permanente questo stato di eccezione che è in vigore dal 2020. Hanno messo in scena questo stato d'emergenza con la corona. In breve, si può dire che la democrazia è stata sospesa, è stata abolita".

'Sanno che quei paradenti sono una totale assurdità, numerosi studi lo confermano. Ma voi non avete più niente da dire. Devi stare zitto, questo è essenzialmente il messaggio di violazione della costituzione. Con questo arriva ogni tipo di oppressione fisica. L'oppressione psicologica è molto peggio".

Il rifiuto delle misure coronali nell'ex Germania dell'Est è, grazie al passato comunista, "molto più profondamente radicato nella popolazione che nell'Ovest completamente degenerato", sebbene anche lì ci siano iniziative di ogni tipo (come Querdenken). I mass media giocano un ruolo molto cattivo nell'attuale dittatura oppressiva della corona, anche promuovendo la guerra fredda 2.0 (contro la Russia). 'Ora stanno

giocando lo stesso ruolo vergognoso e disgustoso con
corona come tacchi dell'apparato governativo, delle
multinazionali e dell'industria finanziaria'.

Strumento Virus per innescare il Grande Reset

La gente ha scelto il virus come strumento per un nuovo
regno, quello che viene chiamato la "quarta rivoluzione
industriale", il grande reset. La suddetta rivoluzione
neoliberale ne è stata l'inizio. Ha messo fine al
capitalismo sociale, in cui i cittadini potevano ancora
beneficiare della crescente ricchezza e prosperità. Ecco
perché, nel complesso, la gente in Occidente era molto
più felice negli anni '70 di quanto non lo sia ora.

Grazie ai (neo)liberali lo stato ha smesso di lavorare
principalmente per i cittadini e ha iniziato a lavorare
principalmente per le multinazionali e l'industria
finanziaria. In quei 30 anni è stato fatto esattamente
quello che il neocon Zbigniew Brzezinski (con una
formulazione diversa) aveva pianificato, cioè
l'ottundimento deliberato della popolazione in generale
('dumbing down') con l'intrattenimento senza cervello
in TV e simili. Nel frattempo, i nostri governi sono stati
presi in consegna. Senza che la popolazione se ne
accorgesse, i loro governi si "ridefinivano"
internamente.

Il radicalismo del mercato: I responsabili della crisi sono stati premiati, il popolo ha dovuto sanguinare

Dal 2007-2008 (crollo di Lehman Brothers, crisi finanziaria) il radicalismo dei mercati è scoppiato in piena forza. Coloro che hanno causato la crisi, le banche e gli speculatori, i criminali organizzati che hanno commesso crimini (finanziari) giganteschi e hanno sperperato trilioni, hanno semplicemente detto ai governi che erano "troppo grandi per fallire", e che il popolo doveva quindi pagare per il casino che avevano causato. Poi sono andati avanti con le loro pratiche, fino ad oggi. I nostri governi lo hanno reso possibile, e lo stanno ancora rendendo possibile.

Questa espropriazione della ricchezza del popolo e dello Stato è avvenuta anche attraverso le privatizzazioni. Il potere delle multinazionali crebbe sempre di più, proprio perché furono deregolamentate. Non erano più limitate, potevano fare quello che volevano. Con la diminuzione delle entrate fiscali e l'aumento dei debiti degli stati, queste corporazioni hanno potuto appropriarsi di quasi tutto (sanità, trasporti pubblici, strade, ecc.).

'Colpo di stato passo dopo passo

Un colpo di stato incrementale è una descrizione molto buona per questo". Ma ancora non era abbastanza per coloro che sono al potere oggi. Ora stanno dicendo che la globalizzazione - compresi i viaggi aerei a macchia d'olio e lo spostamento della produzione in Asia orientale, che ha richiesto enormi flussi di trasporto - non può andare avanti così. Le stesse persone che hanno causato questo stanno ora portando avanti il Grande Reset, e ancora una volta le dolorose conseguenze di questo si stanno riversando solo sulla popolazione comune.

Uno dei grandi piloti, Klaus Schwab (World Economic Forum), ha letteralmente chiamato corona una "finestra di opportunità" (e ha riconosciuto che questo virus non è più pericoloso dell'influenza). Tuttavia, ha giurato che la società potrebbe non tornare mai alla normalità).

Degenerazione collettiva? Fino al 90% delle persone si sono lasciate spaventare

È "sbalorditivo quanto facilmente il pubblico venga preso in giro" e accetti tutto. Si stanno usando due armi contro il popolo: la paura e i media. Non si può dire diversamente dal fatto che hanno eseguito perfettamente questo gioco della paura. Quello che non capiamo è come sia possibile portare l'85%-90% della popolazione in questo stato di paura". Ensign suggerisce come possibile causa che ci possa essere stata "una degenerazione collettiva ben prima della crisi della corona".

Studi recenti confermano che il neoliberismo ha causato un enorme "danno mentale" nella mente delle persone, una forma di ottundimento del benessere. Se si gode di troppa prosperità, si diventa pigri e deboli. Non c'è più bisogno di fare uno sforzo e di continuare a pensare ad altre idee e opzioni, di stare all'erta. Lo stato si prende cura di te in ogni caso, è la sensazione. Oppure si ha un bel lavoro, anche se i lavoratori sono sempre più sotto pressione e stress.

La psicologia della paura è stata alimentata dall'aumento delle cosiddette catastrofi (clima, energia, natura, ecc.). Inoltre, oltre 100 esercitazioni militari (NATO) hanno luogo ogni anno perché la Russia e la Cina vorrebbero causare la terza guerra mondiale. Quindi, la società era già abbastanza intrisa di paura permanente, per poi ricevere il colpo finale con la corona.

Le persone che occupano posizioni sono sempre state dei seguaci.

Non solo il pubblico in generale, ma anche i dottori, i medici e gli scienziati, che sanno molto bene che la corona non è affatto una grande minaccia, hanno comunque sostenuto questa politica. "La massa delle persone che occupano posizioni sono sempre state seguaci. Non fatevi illusioni; abbiamo avuto un'alta posizione nel servizio civile per 10 anni... Beh, prima di entrare devi rinunciare al tuo intelletto. Gli idioti ai vertici dicono solo che 'se diciamo che il muro bianco è rosso, allora è rosso'.

In breve, quasi tutti questi esperti scelgono ora la strada più sicura. Se vuoi sopravvivere, mantenere il tuo lavoro e la tua posizione, devi assecondare tutto. Con questo viene un sacco di opportunismo e di auto-

sottomissione, "e di fatto l'auto-negazione".
Nell'assistenza sanitaria, molti dipendenti vedono cosa
sta realmente accadendo".

I capi del governo invariabilmente invocano la "scienza",
ma "non credo che ci sia così tanta corruzione altrove".
Poi facciamo notare che ci sono anche molti scienziati
che fanno obiezioni fondate, ma vengono
semplicemente ignorati. Più di 250 dei migliori
scienziati, tra cui il miglior virologo del mondo John
Ioannidis, semplicemente non vengono ascoltati. O
peggio: sono perseguitati.

**La democrazia è stata abolita, il governo è diventato
senza legge e senza diritti**

Il comportamento della polizia in Occidente ricorda
letteralmente i "tempi della Gestapo". Ancora una volta,
la democrazia è stata abolita, e chi è al governo si
permette ogni brutalità che si possa immaginare.
Prendete, per esempio, il coprifuoco. Il giudice lo
respinge, e quattro ore dopo il governo commette un
nuovo sporco trucco. Che cos'è questo!"
Guardiamarina: "Quindi questo significa che c'è davvero
l'illegalità?

"Sì, assolutamente! L'illegalità, l'assenza di legge, la
violazione della costituzione, non c'è altro". Ensign: 'Le
leggi vanno più in una sola direzione: dettare al popolo,
e viceversa non offrono più alcuna protezione legale'.
Tutti i confini di una giustizia intatta sono caduti.

Ensign cita poi l'articolo di Common Sense intitolato "Il tiranno tedesco", in cui il sociologo scrive che "sono i nemici dell'umanità. La Merkel odia la Germania e il popolo tedesco. Questo ha certamente a che fare con la sua crescita nella dittatura (della DDR). Era la candidata ideale per un putsch governativo strisciante in Germania. Tali figure non vengono schierate senza l'approvazione degli attori transatlantici o degli Stati Uniti". Ensign dice che questo è vero per tutti i paesi occidentali, e che i nostri governi sono "effettivamente collaboratori del nemico".

L'11 settembre è stato l'inizio della guerra contro il suo stesso popolo

I governi collaborano contro i loro stessi popoli... siamo arrivati al punto di dire che fanno la guerra ai popoli... Questa forma di guerra è iniziata con l'11 settembre. Era diretta prima verso l'esterno, per distruggere il Medio Oriente. Ma ha anche dato un messaggio perverso al suo stesso popolo. Il Dipartimento della Sicurezza Nazionale è diventato una specie di secondo Pentagono, ma per il proprio paese, con tutte le abrogazioni dei diritti civili e dei diritti fondamentali, togliendo così la libertà ai cittadini".

Poi il numero di attentati terroristici in Europa è esploso, il che è stata un'ulteriore forma di fearmongering ('Operazione Gladio' in Europa, una 'strategia della tensione' deliberatamente guidata dall'intelligence ed eseguita).

Tuttavia, gli attacchi terroristici non avevano ancora un effetto sufficiente, quindi volevano qualcosa con cui tenere la popolazione nella paura sistematica. Questo divenne corona, 'la corona dell'élite occidentale', 'la completa imprigionamento dei popoli con questa bufala della corona (pandemia*)'... Come criminali organizzati non si può fare di meglio'. 'Si potrebbe ammirare se non fosse così malvagio'.

Ora, per realizzare tutto questo alla perfezione, ci sono voluti anni di preparazione (per esempio, con l'evento 201 nell'ottobre 2019). Questo includeva anche l'influenza suina (swine flu) e l'influenza aviaria. Guardiamarina: "Quindi ci troviamo contro un nemico dell'umanità molto ben organizzato?" "Sì, assolutamente". Guardiamarina: 'Quindi abbiamo ancora una possibilità?'

Vogliono far sprofondare noi e le generazioni future nella schiavitù assoluta del debito

Questa è la grande, eccitante domanda". Non possiamo aspettarci altro dai nostri governi. Certamente non hanno avuto scelta dopo Corona. Stanno lavorando sull''indebitamento totale' di tutti gli stati, usando Corona come scusa. Deutsche Bank ha già avuto il via libera dalla Merkel per 1.900 miliardi di euro di prestiti nell'aprile 2020. 'Il loro obiettivo principale: far sprofondare le prossime generazioni nella schiavitù assoluta del debito, e possedere tutte le parti ancora vitali ('asset', pensate in NL alle PMI e agli agricoltori)'.

I politici corrotti hanno tratto enormi profitti personali da tutte queste privatizzazioni neoliberali. Volevano solo fare carriera e non guardavano a nessun altro interesse. Guarda la politica, ci sono così tanti zeri ora. Non si scherza su questo. E cosa ha da perdere uno zero? Hanno tutto da guadagnare. Chi vuole partecipare a un partito politico ora?

Non è rimasta quasi nessuna ideologia politica, solo la perpetuazione delle posizioni di potere", dice Stuurman. Da qui il famigerato effetto porta girevole: le persone della politica finiscono spesso nelle grandi imprese e nelle banche (e a volte viceversa). Tutto riguarda noi e solo noi. Le qualifiche e i risultati non sono più importanti.

Conglomerati internazionali e ONG hanno preso il controllo del governo "come un cancro

Organismi internazionali e ONG (*soprattutto nel campo della globalizzazione e del clima*) sono poi penetrati "come un tumore canceroso" nel governo, e gli hanno fatto elaborare e attuare leggi contro il proprio popolo, il proprio paese e le proprie imprese. Nel frattempo, questo apparato governativo si ingozza di miliardi. Questo sarebbe ancora giustificabile se volessero davvero fare qualcosa per il popolo, ma non è più così.

Poi c'è l'esempio dei 600 miliardi che sono stati spesi in misure coronariche solo in Europa. Nel frattempo, si continua a sostenere che c'è troppo poca capacità ospedaliera. 'Ma con quei 130 miliardi avremmo potuto ricostruire l'intero sistema sanitario cinque volte, compreso il personale. Ma non un centesimo è stato speso per questo! È un processo di distruzione incomparabile. Sono impegnati nella distruzione dalla mattina alla sera".

La gente che non può e non vuole più vivere così nei nostri stati antidemocratici deve iniziare a badare ai propri interessi. Devono iniziare a unirsi, continuare a protestare e manifestare, separarsi il più possibile dalla politica attuale, e smettere di guardare e seguire tutti i media mainstream, perché condannano solo qualsiasi dissenso.

Il 10% - 20% dell'umanità creerà un nuovo percorso

La popolazione può essere divisa in due gruppi, "ma questa divisione c'è stata per molto tempo", una volta si poteva parlare con la gente di molte cose, ma da Corona in poi questo si è fermato. È avvenuto uno scisma che attraversa direttamente amici, colleghi e famiglie. Tanto non capiscono niente. Puoi dire loro quello che vuoi, indicare la competenza di altri scienziati, ma semplicemente non vogliono sentire. Ogni altro suono viene chiamato 'nonsenso', mentre loro stessi non l'hanno nemmeno indagato.

'Non leggono niente! Ci sono state eccellenti pubblicazioni (di scienziati rispettabili) negli ultimi mesi, ma a loro non interessa". Da quella parte della popolazione, non possiamo aspettarci altro. Siamo rimasti con il 10% - 20%. Se diventano tutti attivi, il governo ha un vero problema. Bisogna esaurire tutte le possibilità rimaste per fermare questa politica criminale".

Inoltre, quel 20% deve sviluppare un nuovo stile di vita, e accettare che questo comporta molti più rischi. Il problema più grande è che non abbiamo un nostro territorio chiuso (*una sorta di 'stato libero'*), quindi sia che tu viva in Germania, Olanda, Francia, Italia o Inghilterra, sarai perseguitato. Guardiamarina: "C'è spazio per un po' di ottimismo allora?

Tutto ciò che rende la vita divertente questi supercriminali l'hanno distrutto

Nel quadro generale, non lo vedo. Non credo che possiamo ribaltare la situazione in uno o due anni". Ognuno dovrebbe quindi diventare e rimanere attivo nel proprio campo - medici, scienziati, pubblicitari, giornalisti, ecc. - diventare e rimanere attivi, e connettersi tra loro. Mies ribadisce la sua enorme sorpresa per la cooperazione delle PMI (ospitalità, intrattenimento, eventi, sport, turismo, negozianti, ecc. 'Tutto ciò che rende la vita divertente questi super criminali lo hanno distrutto'.

Decine di migliaia di imprese in fallimento, centinaia di migliaia di persone disoccupate, e ancora nessuna resistenza? Eppure bastano 2 o 3 milioni di persone determinate per andare a Berlino, e la Merkel può fare i bagagli. Avrà difficoltà ad andarsene. Siamo anche sconcertati dal fatto che così tante aziende si chiudano dentro, solo perché lo dice il ministro. Sai perché partecipano? Perché sono strutturalmente conservatrici. La maggior parte delle PMI e anche i liberi professionisti non sono mai stati persone ribelli". L'obbedienza automatica al governo è nel loro sistema. Ad oggi, questo impedisce loro di ribellarsi in massa.

Contatti qualitativi invece del rantolo sociale

Nonostante la brutta situazione, c'è qualcosa di molto positivo, e cioè che abbiamo conosciuto persone che la pensano come noi e siamo riusciti a stabilire un contatto con loro su un livello completamente diverso e di alta qualità. Non parlano più di sciocchezze come facevano con i vecchi e lontani contatti (le 'chiacchiere sociali', cioè i risultati del calcio, i programmi TV di ieri, le notizie sui BN, la nuova auto in leasing, ecc.) Questo è puro profitto.

Ma esistono grandi preoccupazioni, come per i prossimi passaporti corona e vaccinazione, che escluderanno le persone che non sono state testate e/o vaccinate. Eppure, "più pressione sarà esercitata sulla popolazione, maggiore sarà la resistenza. Questo è già il caso".

Le persone che deridono i teorici della cospirazione non leggono più niente".

Possiamo solo raccomandare l'ultimo libro di Klaus Schwab su Covid-19 alle persone che dicono questo. Tutti gli sviluppi distopici sono in esso, compreso il controllo e la riduzione della popolazione, le nuove tecnologie, ID2020, tutto è collegato, dall'inizio alla fine si è sotto controllo totale. Se poi la gente continua a sostenere che siamo noi i teorici della cospirazione, possiamo solo dire che nella mente di queste persone non funziona proprio nulla".

Stuurman vede anche che le persone che parlano di teorie della cospirazione non hanno letto e non sanno di cosa si tratta. Ma possono leggerlo da soli dagli esecutori di questa vera cospirazione, come Klaus Schwab! Non dovrebbero essere così pigri! Questo è tutto".

Tecno-fascismo: la fine dell'umanità come la conosciamo

Quello che Schwab vuole, il Grande Reset "è una sorta di tecno-fascismo, una tirannia, una dittatura trans-umanista. Vogliono entrare nel tuo corpo. Questo è il nuovo regime di profitto, il nuovo capitalismo. Prima usavano la tua forza lavoro, ora vogliono entrare dentro di te. Vogliono impiantare e iniettare qualcosa in te... Stanno collegando tutto insieme. Prima viene il 5G, poi il 6G, e poi basta vedere cosa succede dopo. Sullo sfondo, questa è tecnologia militare".

Questo significa effettivamente la fine dell'umanità come specie così com'è. Come specie autonoma come la conoscevamo, sì... Possiamo parlare della fine dell'umanità come la conoscevamo. Vogliono un essere ibrido, un tecno-mostro, un cyborg, e pensano che sia fantastico. Poi lo chiamano un miglioramento. Sì, per la polizia, i servizi di sicurezza e i militari lo è, ma non per l'umanità". Quello che vogliono è una sorta di "cruscotto" tecnocratico onnicomprensivo con cui tutti, fino all'ultimo uomo, donna e bambino, possono essere monitorati e controllati. Questo è il loro piano, questa è esattamente la loro idea.

Per vedere cosa sta succedendo ora, consigliamo a tutti di cercare su Google Albert Biedermann e il suo 'grafico della coercizione', che mostra esattamente come gli attuali governanti lavorano per metterci sotto controllo totale, e anche come tenere sotto controllo i prigionieri di guerra. 'Ed è esattamente come adesso: psicologia manipolativa all'estremo assoluto'.

BIEDERMANN'S CHART OF COERCION

1. ISOLATION
2. EXHAUSTION + INDUCED DEBILITY
3. THREATS + INTIMIDATION
4. HUMILIATION + DEGRATION
5. DISTORTION
6. OMNIPOTENCE
7. INTERMITTENT REINFORCEMENT
8. ENFORCING TRIVIAL DEMANDS

Questo è il terrore, siamo trattati come prigionieri di guerra

L'isolamento, la monopolizzazione della percezione (mettendo a tacere/ridicolizzando tutte le voci critiche), il terrorizzare ed esaurire psicologicamente le persone con l'obbligo del paradenti, l'allontanamento sociale, il coprifuoco e le vaccinazioni - tutto questo è fatto apposta, e naturalmente sanzioni elevate e azioni durissime contro chi non si adegua e/o protesta. Niente paradenti? Pena! Fuori la sera dopo le dieci? Pena! Quindi: TERRORE".

41

La gente viene privata dell'uso della logica", aggiunge Stuurman. Alle persone non è più permesso pensare e giudicare da sole. Non si giudica più nulla; si dice loro cosa fare e cosa non fare. E quando si siedono nella loro gabbia come un coniglio spaventato, gli viene semplicemente tenuta in mano una carota. E allora il coniglio spaventato dice: oh, non è così male, vero? Hanno davvero a cuore i nostri interessi, no?

Questo non è altro che l'"addomesticamento" della popolazione. Siamo trattati come prigionieri di guerra, non più come esseri umani. Bisogna sottomettersi. Questa è una prigionia aperta". Allo stesso tempo, le vittime sono rese dipendenti dai perpetratori (sindrome di Stoccolma), e di notte, davanti alla televisione, si aggrappano alle labbra di coloro che fanno loro tutto questo

Non essere più coinvolto nella società moderna; costruisci nuove comunità

C'è speranza, ma solo "se smetti di partecipare. Ignora gli ordini il più possibile,' ma non devi diventare un martire, per esempio che invadano la tua casa. 'E molto importante: fate nuove amicizie, e se dobbiamo incontrarci nei boschi o in uno scantinato, così sia. '

Cercate di stabilire nuove comunità e nuovi villaggi. Uscite dalle grandi città, sono comunque rotte. E per quanto possibile tornate alle tecnologie analogiche". Quindi, internet solo quando serve, e sempre l'ultimo smartphone e app è assolutamente inutile (soprattutto non l'app Corona). 'Quindi, ottenere la massima indipendenza dal sistema'.

Capitolo 7: Agenda 2021 riassunta

Lo stato nazionale, la libertà e la vostra voce vengono completamente distrutti" - "Solo la resistenza di massa può fermare questa agenda anti-umana, che è già in fase di attuazione".

Café Weltschmerz ha pubblicato un'intervista con un noto esperto americano di Agenda 21, che può essere riassunta come una presa di potere che alla fine metterà il mondo intero sotto una dittatura comunista tecnocratica, in cui gli individui e i popoli non avranno alcuna voce in capitolo, nemmeno sulla propria salute e vita. Con la bufala della pandemia da paura Covid-19, la prossima fase di questo colpo di stato de facto contro la nostra libertà, democrazia e diritto all'autodeterminazione è iniziata. Café Weltschmerz non mette quindi sotto "L'agenda nascosta dietro la distruzione della nostra società" per niente - una distruzione che viene anche deliberatamente portata avanti dai governi mondiali.

Il giornalista indipendente Spiro Kouras (Activist Post) ha intervistato il direttore esecutivo del Post Sustainability Institute, Rosa Koire, un'esperta di uso della terra e diritti di proprietà che ha tenuto discorsi in tutto il mondo. Il suo lavoro può essere trovato sul sito web Democrats United Against UN Agenda21, un sito che era inaccessibile al momento della scrittura.

Koire è anche l'autore del libro "Behind the Green Mask - UN Agenda 21. L'Agenda 21 è stata firmata da 178 paesi e dal Vaticano nel 1992. Con questa agenda, un'élite di potere globalista vuole ottenere il controllo totale su tutta la terra, l'acqua, la vegetazione, i minerali, le costruzioni, i mezzi di produzione, il cibo e l'energia. Anche l'applicazione della legge, l'istruzione, l'informazione e la gente stessa devono essere sotto questo controllo totale.

Agenda 2030: passo intermedio nella distruzione dello stato-nazione e della libertà

Inoltre, grandi somme di "denaro" devono essere spostate dai paesi sviluppati a quelli meno sviluppati. In definitiva, si tratta di distruggere la capacità di avere una voce, un governo rappresentativo". I governi nazionali si trasformano in amministrazioni. La vostra capacità di essere liberi e indipendenti viene completamente distrutta. L'obiettivo è quello di trasferire il potere dalle persone locali e individuali a un sistema globale di governo... È un piano per sconvolgere e distruggere il sistema esistente. È un piano di trasformazione e controllo, e questo è ciò che stiamo vivendo ora".

L'Agenda 2030 è solo una tappa intermedia dell'Agenda 21, come lo sono il 2020, il 2025 e il 2050. Entro il 2050, con l'aiuto e il sostegno di grandi nomi globalisti come Ford, Rockefeller, Soros, Gates, Zuckerberg, Musk, il Papa, e non ultimo Rothschild, questo perfido piano deve essere completato. Entro il 2050, tutti gli stati nazionali devono essere aboliti, e la popolazione mondiale concentrata in un certo numero di megacittà che possono inglobare interi stati e paesi (proprio come l'Olanda, insieme al Belgio e alla Ruhr tedesca, deve diventare una sola grande città).

Questo ha lo scopo di distruggere la vostra capacità di controllare ciò che vi succede. È un piano globale, ma viene attuato localmente con nomi diversi". Questo viene fatto deliberatamente per distogliere l'attenzione della gente dai veri obiettivi.

In realtà, tutto ciò che viene chiamato "verde" e "sviluppo sostenibile" rientra nell'Agenda 21. Questo include il 'cambiamento climatico', cioè tutti gli accordi e le iniziative sul clima, e certamente Covid-19 . Una crisi globale richiede una risposta globale", è la loro idea. E questo giustifica una governance globale".

Il cambiamento climatico e la corona p(l)andemica "sono progettati per mandare la gente nel panico, così male che si teme letteralmente di non sopravvivere". Che ci sia o meno una vera e propria crisi climatica non è nemmeno rilevante, secondo Koire. Funziona così bene che sarebbe stato inventato comunque (anzi, è inventato, concepito, nei primi anni '90, che è letteralmente scritto nei documenti delle Nazioni Unite).

Il 'Grande reset (verde)'

Skouras indica poi il 'Grande reset (verde)' lanciato al Forum economico mondiale di Davos. Koire risponde che "non vuole fare l'allarmista", ma è molto preoccupata che questo "reset" venga portato avanti senza tener conto dei costi per le persone e la società. Tuttavia, stanno rimanendo dietro la loro maschera verde, perché una volta che questa viene tolta, gli stivali da soldato e le trincee vengono fuori". Letteralmente. Vedi anche il nostro articolo del 4 dicembre 2019: 'L'ONU può usare la forza militare contro i paesi che rifiutano l'agenda climatica' (/ 'L'ONU può spingere misure estreme in gola ai popoli' - I partecipanti alla conferenza sul clima di Madrid vogliono accordi duri per abbattere la prosperità e la libertà in Europa).

Abbiamo ormai raggiunto il punto in cui chi è al potere non si cura quasi più delle obiezioni e delle preoccupazioni della gente. Questo è una specie di messaggio da parte loro a noi, che non si preoccupano più veramente di noi". Sembra che non ci sia più molto da fare, ma Koire crede che sia ancora possibile.

La tecnologia è ormai avanzata al punto che due grandi obiettivi, la vita eterna e la possibilità di creare la vita da soli, si sono avvicinati molto. Queste persone non hanno limiti etici, e questo è molto preoccupante. L'avete visto con i nazisti, con Stalin e ora. Non c'è letteralmente nulla per fermare queste persone".

Tutto e tutti saranno connessi digitalmente

Nella "quarta rivoluzione industriale" che hanno messo in moto, veramente tutto e tutti saranno connessi digitalmente. Stanno parlando di un nuovo contratto sociale. Bene, in un contratto, normalmente entrambe le parti hanno qualcosa da dire. Ma questo è un contratto in cui nessuno di noi ha voce in capitolo... Questa è una delle ragioni per cui vediamo tutta questa isteria nelle strade. È perché è una lezione, una comunicazione per noi: questo è quello che vi succede se scendete in strada e osate opporvi al nostro piano".

La gente mi chiede: chi ci sta facendo questo? Questo è il vostro governo. Il vostro governo è stato preso in consegna". Con l'aiuto di gruppi e movimenti come Antifa e Black Lives Matter, si cerca di scatenare una rivolta. Siamo sotto attacco". Questo è stato il motivo per cui Koire ha voltato le spalle al Partito Democratico. 'Ma i partiti sono solo una distrazione. Al vertice, il potere non conosce partiti. In questa presa di potere globalista, si stanno usando tutti i mezzi possibili. Il piano è quello di distruggere e disgregare, ed è quello che tutti stanno vedendo ora. Questo è il piano per distruggere la coesione sociale, e questo ha molto successo".

Lei chiama la situazione ora "estremamente pericolosa" perché questo piano è sostenuto da università, fondazioni, aziende e agenzie governative. Tutte queste parti sono state indottrinate, dalla scuola materna all'istruzione universitaria. Questi sono gli 'agenti di cambiamento' che sono stati attivati".

'Trasformazione' = demolizione dell'individuo

La parola magica ampiamente usata è 'trasformazione', dell'educazione, dell'economia, della polizia e della società. La trasformazione è in realtà la rottura dell'individuo, della sua alleanza con qualsiasi 'vecchio' sistema, come la sua famiglia, i suoi 'vecchi' pensieri, o la sua fede... È una tecnica psicologica che in realtà rompe la tua personalità, e poi la ricostruisce (secondo i loro nuovi standard)".

Il termine "razzismo istituzionale" usato anche dal governo europeo è "solo una scusa per distruggere letteralmente la tua mente". Mao Zedong l'ha usato, Sung l'ha usato, e anche i nazisti. È una tecnica con la quale la tua personalità viene distrutta, al fine di ricostruirti come il nuovo essere umano, il nuovo cittadino del mondo".

L'umano deve fondersi con l'intelligenza artificiale.

In questo processo entra in gioco anche l'A.I. (intelligenze artificiali). Sta arrivando una forza di polizia (globale) A.I., non composta da umani. Inoltre, i droni a un certo punto non saranno più controllati da umani, ma da A.I. 'Non devo spiegare che poi si ottiene una situazione davvero pericolosa'. La Nuova Zelanda ha recentemente lanciato ufficialmente il suo primo agente di polizia A.I., e a Singapore stanno usando robot intelligenti per far rispettare le distanze sociali.

Skouras: "Questa è essenzialmente un'agenda anti-umanitaria, dove vogliono fondere l'umano con la macchina (AI)".

Secondo le misure di Covid-19, tutti sono stati dichiarati potenziali nemici gli uni degli altri. L'idea è che non ci si fida più nemmeno dei familiari e degli amici più stretti. Allo stesso tempo, anche la nostra salute viene degradata, cosa che Koire dice essere una parte molto importante del piano Agenda 21. Questo è il piano per inventariare e controllare tutto, compreso il tuo DNA (da qui l'insistenza del governo affinché il maggior numero possibile di persone si sottoponga al test Covid-19 - questo permetterà al tuo DNA di essere preso e conservato immediatamente)".

Con il tuo "status di credito sociale" come in Cina e presto negli Stati Uniti e in Europa, devi "dimostrare" che sei un cittadino leale e obbediente che è "degno" di continuare a vivere nel nuovo ordine. Il sistema, naturalmente, lo fa già da tempo favorendo alcune persone di talento, che poi il resto deve pagare. Il sistema cinese sta per essere esteso a tutto il pianeta.

Vaccino di spopolamento

I cinesi hanno anche accettato negli anni '90 di lavorare con gli Stati Uniti su un vaccino di spopolamento. Sono andati fino in fondo? Quel vaccino è ora là fuori, e viene 'venduto' all'umanità con un nome diverso (forse un vaccino Covid-19?)? In ogni caso, 'lo spopolamento è una parte essenziale del piano'. Se si determina che non hai abbastanza valore, e/o stai occupando troppo spazio, usando troppa energia, troppa acqua, troppa terra, allora devi essere 'isolato' e trasferito.

La grande maggioranza dell'umanità sarà costretta a vivere in megalopoli ('multiculturali'), dove ogni aspetto della nostra vita sarà controllato e gestito 24/7/365. Questo piano vi toglierà letteralmente tutta la libertà. E questo non riguarda un piano per il futuro, ma è qualcosa che sta già accadendo proprio ora. Quindi, questo non è solo nel 2030 o nel 2050. Il 2020 è davvero un anno molto importante. Molti di questi piani vengono ora attuati a livello regionale".

Siamo stati massicciamente ingannati dai nostri leader e dai loro consiglieri", ha detto il dottor Mike Yeadon, ex vicepresidente della Pfizer, in un'intervista alla Stiftung Corona Ausschuss tedesca poco meno di due settimane fa. Quello che sto per dire sconvolgerà tutti". Yeadon ha avvertito che il costante 'rabbocco' di vaccini corona, come ora sembra essere l'intenzione (la 'sottoscrizione di vaccini' come l'abbiamo chiamata l'anno scorso) non solo è totalmente inutile, ma anche pericolosa per la vita, perché tutti questi vaccini non passeranno attraverso il normale processo di approvazione. Le sequenze genetiche saranno iniettate direttamente nelle braccia di centinaia di milioni di persone... Questo potrebbe causare gravi lesioni e morte in una parte significativa della popolazione mondiale".

L'immunologo ed esperto di organi respiratori Yeadon - che, tra l'altro, è stato lontano dalla Pfizer per circa 10 anni - ha detto che ha trovato il "numero molto grande di morti" dopo le vaccinazioni corona "non una coincidenza". Ha definito "arrogante" da parte dei produttori di vaccini presumere che questi nuovi vaccini, che istruiscono il corpo a produrre una proteina spike del virus corona, non avrebbero causato grandi problemi, perché gli studi scientifici avevano già dimostrato il pericolo che questa tecnologia avrebbe causato una risposta (auto-)immunitaria troppo forte in moltissime persone, che potrebbe farle ammalare gravemente o addirittura ucciderle. Gli ultimi tre mesi hanno dimostrato che questo è effettivamente il caso.

Tutti questi vaccini genetici (Pfizer-AstraZeneca-Moderna) rappresentano un rischio fondamentale per la sicurezza della popolazione", ha avvertito.

A causa della scarsa connessione, il Dr. Reiner Füllmich, uno dei capi del comitato tedesco, ha riassunto ciò che aveva detto. Secondo il Dr. Yeadon, ciò che sta accadendo ora è un crimine molto grave, commesso da 'cattivi attori', la nostra stessa élite politica e autoproclamata 'scientifica'... La proteina spike è biologicamente attiva, e viene replicata con precisione dai vaccini. Questo provoca una reazione autoimmune, come una tempesta di citochine. Diverse migliaia di persone sono già morte per questo in Europa. In Israele, anche 40 volte più persone sopra gli 80 anni e 260 volte più giovani sono già morte per il vaccino che per il Covid-19. Da tutti gli altri paesi riceviamo rapporti simili".

Tutti i vaccini stimolano il tuo corpo a produrre quella proteina spike, e questo non è una buona cosa per te... È biologicamente attiva, avvia processi biologici, e provoca alcune funzioni del corpo per essere totalmente interrotte o addirittura distrutte", ha ripetuto Yeadon.

Gli effetti dei vaccini possono colpire dopo giorni, settimane, mesi o addirittura anni

Dipende dal sistema immunitario della persona e dalla reazione delle sue cellule alle istruzioni genetiche se questi effetti si verificano immediatamente, a breve termine, o solo a medio o lungo termine. Quindi, le persone che sono vaccinate ora e dicono "non succederà nulla" non sono sicuramente al sicuro. Gli effetti possono colpire domani, il mese prossimo, l'anno prossimo o anche dopo qualche anno. Se fossi un'istituzione (medica) non fornirei più questi vaccini", ha sottolineato Yeadon.

Nel frattempo, decine di milioni di europei e più di 100 milioni di americani sono già stati iniettati con loro, e non sembra che i politici stiano nemmeno per considerare se questi "vaccini" confezionati come ingegneria genetica sono davvero così "sicuri" come sostengono i produttori.

Il Dr. Füllmich ha poi ribadito le parole di Yeadon che i "vaccini" ora dispensati non sono in realtà vaccini, ma "qualcosa di completamente diverso. È classificato come vaccino solo perché è usato come un vaccino". Tuttavia, non sono vaccini, ma sostanze che equivalgono alla terapia genica, alla manipolazione genetica. La cosa peggiore è che moltissimi effetti collaterali (gravi) potrebbero non essere legati a queste sostanze, proprio perché sono falsamente usate come "vaccini".

Il primo passo è la consapevolezza, il secondo passo è l'azione

Possiamo ancora fermare tutto questo? La consapevolezza è il primo passo della resistenza", dice Koire. L'azione è il secondo passo". La gente deve capire che ora siamo condizionati a rimanere passivi, e a pensare che se premiamo 'mi piace' sui social media, siamo politicamente attivi. Ma non sei un attivista politico se non esci di casa". Da qui tutte queste chiusure e allontanamento sociale - vogliono dichiarare illegale e impossibile in anticipo l'opposizione di massa a questo piano di demolizione e controllo totale dell'Agenda 21.

E non dite che il vostro governo è così cattivo che non potete farci niente. Sono sicuro che sembra così, ma è perché avete lasciato che arrivasse a questo punto. Non migliorerà se lasciate che questo continui. Ecco perché pensiamo che tu abbia davvero bisogno di "occupare" il tuo governo (occupare, anche "sequestrare", "occupare" o "occupare"). Siate il vostro governo. Sì, siamo nell'End Game, e non rimane molto tempo. Quindi, avreste dovuto farlo un po' di tempo fa".

La gente deve iniziare a riconoscere l'Agenda 21, anche nella propria località e regione. Portatela nel vostro consiglio locale. Parlatene continuamente con i rappresentanti del popolo. Probabilmente ogni punto all'ordine del giorno del vostro consiglio comunale è legato all'Agenda 21". Consiglia alla gente di guardare il suo sito web e di leggere il suo libro in modo che 'scoprirete come manipolano l'opinione

pubblica, così non causerete loro problemi. Vogliono che tu
rimanga a casa sulla tua sedia".

Quindi, agite, parlate con le persone e i funzionari, distribuite
volantini, condividete video, scrivete e pubblicate su questo.
Perché il solo sapere che questo sta succedendo, senza fare
nulla, non è più sufficiente. Bisogna diventare politicamente
attivi ed essere pronti a non prendere subito tutto da loro".
Per esempio, vogliono iniziare a sostituire la realtà con la VR
(realtà virtuale), perché renderebbe la vita molto più
divertente. Quindi, devi resistere".

Non credere a Wikipedia, l'Agenda 21 è un'agenda anti-umana

'Ovunque lavoriate, ovunque siate, parlate di questo'. A molti
non piacerà, e non piacerai (più) a molti. Ma così sia, perché
questo piano è reale, e viene attuato proprio ora, che ci
piaccia o no. Agenda 21 NON è quello che vi dice Wikipedia.
NON è volontaria, e non è 'non vincolante'. Per voi, questo
piano è obbligatorio.... Quindi combattiamo questo insieme.
Dobbiamo opporci tutti".

La vendono come qualcosa che migliorerà e salverà il mondo,
il clima, l'ambiente. Ma (Agenda 21 / 2030) è un'agenda anti-
umana che viene attuata proprio ora. Non vogliamo
percorrere quel sentiero oscuro, questo sentiero verso la
tirannia".

I nostri altri libri

Dai un'occhiata ai nostri altri libri per altre notizie non riportate, fatti esposti e verità sfatate, e altro ancora.

Unisciti all'esclusivo Rebel Press Media Circle!

Riceverai nella tua casella di posta elettronica ogni venerdì un nuovo aggiornamento sulla realtà non raccontata.

Iscriviti qui oggi:

https://campsite.bio/rebelpressmedia

9 789492 916228